# DISSERTATION

## SUR LE

# DROIT DE RÉUNION

LUE A LA SÉANCE SOLENNELLE DE RENTRÉE

## DES AVOCATS STAGIAIRES

**Le 5 décembre 1880**

PAR

M. Germain CUMENGE

AVOCAT

DOCTEUR EN DROIT

---

TOULOUSE

IMPRIMERIE DOULADOURE-PRIVAT

RUE SAINT-ROME, 39

—

1881

# DISSERTATION

SUR LE

# DROIT DE RÉUNION

LUE A LA SÉANCE SOLENNELLE DE RENTRÉE

## DES AVOCATS STAGIAIRES

**Le 5 décembre 1880**

PAR

## M. Germain CUMENGE

AVOCAT

DOCTEUR EN DROIT

---

TOULOUSE

IMPRIMERIE DOULADOURE-PRIVAT

RUE SAINT-ROME, 39

—

1881

MONSIEUR LE BATONNIER,

MESSIEURS,

Depuis quelque temps les réunions publiques se multiplient dans notre pays. La politique fait-elle surgir quelque délicate difficulté : aussitôt des citoyens s'assemblent ; on veut discuter, s'éclairer et tâcher de devancer par ce que l'on dit être l'expression de l'opinion publique le jugement des hommes et des faits du jour. Cependant, la loi du 6 juin 1868 défend de convier ainsi le public à des discussions de cette nature sans avoir obtenu au préalable une autorisation du gouvernement. C'est là donc un obstacle et, disons-le par anticipation, ce n'est point le seul qu'oppose la loi de 1868.

Aussi cette loi a été l'objet de critiques sévères, et des voix nombreuses se sont trouvées d'accord pour demander qu'elle fût rayée de notre législation, mais les unes demandant simplement qu'elle fût remplacée par une loi plus libérale, les autres allant plus loin et réclamant la liberté absolue du droit de réunion. La Chambre des députés a été saisie de la question, et, après un très-remarquable rapport de M. Naquet, une loi a été votée qui n'attend plus que la sanction du Sénat.

Comment résoudre, à l'occasion des réunions publiques, cet éternel problème qui consiste à déterminer l'exacte limite du droit de l'individu quand on l'oppose à la collectivité des intérêts généraux? — Dans quelle mesure faut-il tenir compte des enseignements de l'expérience, de l'observation des faits et de la nature humaine sans méconnaître la rigueur inflexible des principes? — Quelle solution de ce problème le législateur de 1868 a-t-il donnée? — Quelle solution, le législateur d'aujourd'hui? — Où est la vérité?

J'ai cru que c'était là un beau sujet d'étude, et appelé à l'honneur de prendre la parole dans cette séance solennelle de la rentrée des avocats stagiaires, je viens modestement vous soumettre le résultat de mes recherches et de mes méditations.

Le droit de réunion, dont on entend si souvent prononcer le nom, a-t-il d'abord une base naturelle? Existe-t-il comme droit, je ne dis pas au point de vue de la loi positive, mais au point de vue de la loi naturelle, qui doit être le principe et le modèle des lois positives.

Un écrivain, misanthrope à coup sûr, a dit quelque part : *Homo homini infensus nascitur*, l'homme naît ennemi de l'homme, et un philosophe, avec un art merveilleux sans doute, mais digne d'un meilleur système, a développé cette thèse bizarre, et a conclu que l'homme sauvage errant seul dans les bois, où il se nourrit de glands et de fruits, livré à ses seules forces naturelles, à ses seules ressources, est l'homme vraiment heureux. La civilisation serait le fléau de l'humanité, la fraternité un sentiment artificiel et dangereux.

Si cette philosophie farouche et essentiellement rétrograde avait trouvé l'idéal du bonheur, nous nous serions bien trompés, depuis que nous discutons sur la meilleure loi qu'il convient de faire pour régler les réunions des hommes. La meilleure loi ne serait-elle pas une loi de désagrégation générale et qui aurait à peu près cette formule ridicule : « Il est absolument défendu à tout homme d'avoir un rapport quelconque avec un autre homme. »

Cette philosophie n'a guidé, Messieurs, ni l'humanité, ni le législateur. L'homme, par son cœur, par sa faiblesse, est un être sociable, et il serait banal de vouloir longuement démontrer qu'il a absolument besoin de son semblable pour assurer, autant que possible, le développement harmonieux de ses facultés, c'est-à-dire pour accomplir sa destinée.

Cette vérité a tant de marques extérieures! Tout ce qu'il y a de grand, de beau, d'utile en ce monde, est-ce donc l'œuvre d'un effort isolé? — Qui ne voit le malheur de l'homme dans le règne de la force, dans l'état de guerre et de luttes. Or, ces lois qui nous en préservent, gardiennes du droit et de l'ordre, ne sont-elles donc que le fruit d'une seule expérience, que l'expression d'une seule volonté humaine? — Qui dira que la patrie n'a pas un honneur, une intégrité à défendre? — N'est-ce point à des centaines de mille hommes qu'elle confie cette belle mission? Ces idées d'ordre, de patrie et j'ajoute de famille qui nous sont si chères sont autant d'attestations irrécusables de cette sociabilité humaine, de cette nécessité pour les hommes de se réunir et de mettre en commun leurs lumières, leurs pensées et leurs forces. Qu'ai-je besoin dès lors, si c'est une nécessité pour les hommes de se réunir, de me demander s'ils en ont le droit?

Mais, pourrait-on m'objecter ici, en dehors de ces associations en quelque sorte fatales, comme la famille, en dehors de ces assemblées qui sont des corps constitués et s'imposent au gouvernement de la société, est-il indispensable au bien-être des hommes que des citoyens, sans mandat et accidentellement, puissent convoquer leurs concitoyens dans un but quelconque et former ainsi des réunions publiques dépourvues de tout caractère officiel? — Je réponds affirmativement. Oui, cette possibilité des réunions publiques est nécessaire, parce que ce concours qu'elle implique n'est toujours qu'une expansion de notre nature et qu'on en peut attendre les plus heureux effets, car s'il est donné à un homme de trouver quelque grande vérité, de former quelque beau projet, il n'est le plus souvent donné qu'à plusieurs d'en préparer la réalisation et d'en assurer en définitive le succès. — Au surplus, y a-t-il rien dans la raison naturelle qui défende le fait de la réunion? Et dès lors tout ce qui n'est point défendu est permis. Ce qui est permis constitue un droit.

Mais ne quittons pas encore les données de la raison naturelle. Car si cette raison nous affirme que les hommes ont le droit de se réunir, elle nous avertit en même temps que, comme tous les droits, le droit de réunion, qui ne saurait échapper à la loi commune, doit recevoir du législateur positif une limite et des restrictions. Elle nous avertit que toute réunion est une force qui, suivant la direction qu'on lui donne, peut être fort utile ou fort dangereuse et qu'il n'est ni prudent ni sage d'assurer le libre exercice d'un droit sans en prévoir et prévenir l'abus.

Qu'est-ce donc, Messieurs, que cette liberté absolue du

droit de réunion que nous entendons exalter avec de si vives clameurs dans une certaine presse? C'est, si je ne me trompe, l'absence de réglementation, c'est l'exercice illimité du droit, la liberté sans règles, sans frein, une étrange utopie en vérité et une dangereuse négation de ce grand principe ainsi formulé par le prince de l'antique barreau de Rome : *Sub lege libertas !*

Cette nécessité d'une loi pour régler un droit, nous allons avoir bientôt l'occasion de l'affirmer plus nettement, et dès à présent, certes, si nous voulions ouvrir les pages de notre histoire, nous y trouverions à cet égard plus d'un enseignement fondé sur l'expérience. Nul doute qu'il n'y eut un très-grand intérêt à jeter un coup d'œil en arrière, à se rendre compte des influences respectives qu'ont exercées tour à tour les fluctuations de la politique sur la liberté des réunions, les réunions publiques sur la politique elle-même, à parcourir les lois successives et diverses qui les ont marquées depuis 1789. Mais où cette revue rétrospective ne nous entraînerait-elle pas? Je ne veux retenir qu'une chose du passé, c'est que lorsque avant la promulgation de la loi de 1868 qui nous régit, nous étions sous l'empire du décret du 25 mars 1852 il n'y avait pas de droit de réunion en France.

Le 19 mars 1867 l'Empereur écrivit au ministre d'État une lettre dans laquelle il annonçait qu'il désirait faire entrer son gouvernement dans les voies de la liberté. L'un des effets de ce désir fut la loi du 6 juin 1868 sur les réunions publiques, que des commentateurs contemporains de sa promulgation ont qualifiée, je ne mets pas en doute la sincérité de leur appréciation, de loi extrêmement libérale. Examinons-la à douze ans d'intervalle, froidement et sans parti pris.

En quelques mots en voici l'économie générale. Elle ne régit d'abord que les réunions publiques, ce qui, soit dit en passant, laisse absolument sans limite la liberté des réunions privées. A quel signe maintenant distinguer la réunion privée de la réunion publique ? Est-ce à la nature du lieu où se tient la réunion ? est-ce au nombre des personnes, au mode de convocation qu'il faut avoir égard ? On a beaucoup discuté sur tous ces points, et c'est une difficulté qui, n'ayant pas été résolue par le législateur, reste évidemment entière. Je la laisserai de côté, car je veux surtout m'attacher aux questions de principe. C'est à la sagesse des tribunaux qu'il appartient de fixer les vrais caractères de la publicité appliquée aux réunions.

Cette loi de 1868, ne visant donc que les réunions publiques, pose dans son article 1<sup>er</sup> le principe suivant : « Les réunions publiques peuvent avoir lieu sans autorisation préalable, sous les conditions prescrites par les articles suivants. » Plusieurs restrictions sont immédiatement apportées à ce principe. La première est relative aux réunions où l'on doit traiter de matières politiques ou de matières qui ne sont pas moins irritantes et qui souvent même se confondent avec elles, de matières religieuses. Ces réunions restent soumises à la nécessité de l'autorisation préalable. Les autres restrictions au principe résultent des conditions que les articles suivants déterminent pour son application.

Ainsi toute réunion publique doit être précédée d'une déclaration signée par sept personnes domiciliées dans la commune où elle doit avoir lieu et jouissant de leurs droits civils et politiques. Cette déclaration doit indiquer le local, le jour et l'heure de la séance et l'objet spécial et déterminé de la réunion. Il est absolument nécessaire sur cette déclaration d'obtenir de l'autorité un récépissé, et lorsqu'il a été délivré, la réunion ne peut être tenue qu'après un délai de trois jours, s'il s'agit d'une réunion ordinaire ; d'un jour seulement, s'il s'agit d'une réunion électorale. — Elle doit être tenue dans un local clos et couvert. — Un bureau, composé d'un président et de deux assesseurs, est chargé de maintenir l'ordre dans l'assemblée et d'empêcher toute infraction aux lois. — Un fonctionnaire de l'ordre judiciaire ou administratif revêtu de ses insignes peut assister à la réunion et la dissoudre, si le bureau, bien qu'averti, laisse mettre en discussion des questions étrangères à l'objet de la réunion indiqué dans la déclaration ; si la réunion devient tumultueuse. — Comme ce fonctionnaire, le maire peut assister à la réunion, et en sa qualité d'officier chargé d'exercer sa surveillance dans les lieux où il se fait des rassemblements, nul doute qu'il n'ait le même pouvoir, les mêmes attributions. — Tout cela, sans préjudice du pouvoir, conféré par l'article 13 de notre loi à certains représentants de l'autorité, d'ajourner indéfiniment une réunion qui leur paraît de nature à troubler l'ordre ou à compromettre la sécurité publique ; sans préjudice encore de la faculté conférée au ministre de l'intérieur d'interdire purement et simplement sans avoir à justifier d'aucun motif.

Telle est la loi de 1868. Est-elle vraiment une loi par laquelle on peut former les mœurs publiques à la pratique d'institutions libérales, comme cela était magnifiquement dit dans le préambule ? Non, Messieurs. Il est facile de se convaincre par le détail de la réglementation que la pensée qui a présidé à la confection de cette loi, est une pensée de méfiance. Il ne fallait pas sans doute obéir à une pensée de confiance illimitée ; mais il ne fallait pas aussi

accumuler précaution sur précaution et en quelque sorte
étouffer le droit lui-même, sous prétexte d'en empêcher
l'abus. Il semble que le législateur de 1868 n'ait voulu
voir des réunions publiques que le danger, et point le bien-
fait possible.

Précisons nos griefs. Une étude superficielle de la loi
et qui se concentrerait uniquement sur son premier article aboutirait à cette conclusion : Il n'y a que les réunions
devant s'occuper de matières politiques ou religieuses qui
ont besoin d'être autorisées : les autres sont libres ; et si
l'on cherchait le motif de cette différence, on le trouverait peut-être dans les agitations dangereuses ou stériles
que pourrait faire naître la discussion de certains pro-
grammes antipolitiques ou antireligieux, qui ne répondent
à aucun besoin du pays.

Mais raisonner et conclure ainsi, ce serait trop béné-
volement se fier aux apparences. En réalité, d'après la loi
actuelle, la nécessité de l'autorisation n'est pas l'exception,
c'est la règle. Il est vrai qu'il est dit que les réunions
publiques n'ont pas besoin d'être autorisées ; mais c'est
une étrange mystification ! permettez-moi l'expression ;
elle est justifiée. Qu'est-ce, en effet, qu'une réunion qui
ne peut avoir lieu sans la délivrance d'un récépissé que
l'autorité peut, si bon lui semble, ne pas délivrer ;
qu'une réunion qui peut être ajournée, ajournée indéfiniment par l'autorité quand elle paraît à l'autorité de
nature à troubler la tranquillité publique ; qu'une réunion, enfin, qui peut être directement interdite par le
ministre de l'intérieur sans autre forme de procès, si ce
n'est, en définitive, une réunion qui ne peut être tenue
sans l'agrément du gouvernement ? On l'a dit avec beaucoup d'à-propos, cette loi reprend d'une main ce qu'elle

donne de l'autre, et viole par là ce vieux principe d'origine toute nationale : *Donner et retenir ne vaut*. En vérité, il eût mieux valu une loi qui eût dit franchement les choses et n'eût point paru accorder ce qu'en réalité elle n'accorde pas. Elle n'eût point manqué de ce caractère que doit avoir toute loi destinée à être inscrite au Bulletin des lois françaises, la franchise.

Rétablissons donc la vérité, quelque peu cachée par une habileté de rédaction, et disons : La loi de 1868 veut qu'aucune réunion, quel que soit son caractère, ne soit tenue sans l'agrément du gouvernement.

Quel que soit son caractère, Messieurs ! Pourquoi cette généralité ? Est-il vrai que lorsqu'on légifère, lorsqu'on discute sur la liberté des réunions publiques, qu'on la demande limitée ou illimitée, on a en vue toute espèce de réunion, quel que soit son caractère ? Évidemment non. Ce sont les réunions politiques que l'on a en vue. Ce sont elles que quelques-uns voudraient absolument libres. Ce sont elles seules qui sont un effroi pour beaucoup d'autres. Il y a donc une inconséquence de la part du législateur de 1868 à n'avoir point fait de distinction au fond entre les réunions politiques et les autres. Car le plus timoré des hommes est obligé de reconnaître que cet appareil formidable de mesures préventives organisées par la loi qui nous régit, est absolument inutile quand il s'agit de réunions où les sciences, les arts, la littérature, les relations de voyages et tant d'autres matières inoffensives, doivent seules passionner les esprits. Si l'on voulait être sévère, il fallait réserver sa sévérité pour les seules réunions politiques.

Et maintenant le devait-on, le devait-on dans la mesure marquée par la loi de 1868 ? Nous ne le pensons pas. On ne peut contester l'utilité des réunions politiques dans un pays où le suffrage universel étant en quelque sorte le grand ressort de la politique, le vote doit être aussi éclairé que possible. On n'en peut contester aussi les dangers, les abus éventuels. Il faut donc des précautions, des garanties. Mais ces précautions et ces garanties ne devaient pas se traduire par la nécessité d'une autorisation, par la possibilité d'un ajournement indéfini ou d'une interdiction catégorique. S'il existe, en effet, un droit de réunion, s'il est vrai qu'il soit une manifestation nécessaire de la sociabilité humaine, son objet, politique ou non, n'en peut point changer la nature. Il reste un droit, et comme tel, il doit pouvoir s'exercer du propre mouvement des citoyens. On autorise des priviléges, on n'autorise pas des droits. Les lois ni les gouvernements ne créent les droits. Le but des lois et des gouvernements est seulement d'en donner la formule et d'en assurer le respect.

La loi de 1868 a outrepassé ce but; car elle a donné en quelque sorte au gouvernement qui autorise la réunion le pouvoir de créer le droit lui-même. Elle n'a donc pas harmonieusement concilié le respect des droits de l'individu avec les nécessités d'ordre et de paix publique. Elle n'a point résolu le problème.

Aussi s'est-on presque unanimement accordé pour décider qu'il la fallait abroger, et cette abrogation n'a pas même trouvé d'opposition sérieuse chez ceux auxquels les traditions du passé sont encore chères, entraînés qu'ils ont été par la séduction irrésistible pour tout cœur généreux d'une liberté plus grande et d'un droit plus respecté.

Mais il y a deux manières bien différentes d'abroger une loi : ou bien cela se fait indirectement par la confection d'une loi nouvelle qui contient des dispositions contraires, ou bien cela se fait d'une manière expresse et directe par une formule comme celle-ci : « Telle loi est abrogée. » Ce dernier procédé facilite singulièrement l'œuvre législative. Il est à coup sûr le plus expéditif, le plus simple, le plus radical. Mais, empressons-nous de le reconnaître, il est souvent bien insuffisant, bien dangereux. Une loi est jugée mauvaise, on la renverse. C'est très-bien si la loi était inutile, encombrante dans la législation ; mais si elle avait cependant sa raison d'être, si l'édifice n'avait qu'un vice de construction, la destruction laisse un vide regrettable. Il faudrait reconstruire.

Au surplus, vous abrogez purement et simplement une loi ; mais celle-ci, à son tour, par des dispositions incompatibles, abrogeait une autre loi pire ou en restreignait l'application. Celle-ci va donc revivre ; vous l'aurez ressuscitée et vous aurez manqué votre but.

C'est ce à quoi n'avait pas pris garde M. Louis Blanc, qui, dans une séance du 25 janvier de cette année, certes belle par l'éloquence et qui fait honneur à cette tribune française si retentissante et si souvent illustrée, proposait à la Chambre de voter une loi dont voici la teneur : « Sont et demeurent abrogés les articles 291 à 294 du Code Pénal, la loi du 10 avril 1834 sur les associations, la loi du 6 juin 1868 sur les réunions publiques, lois de nature à entraver l'exercice des droits de réunion et d'association. »

Ce projet de loi avait une très-grande portée : il voulait faire participer à la même réglementation, ou plutôt au même défaut de réglementation, le droit de réunion et le droit d'association, et pour arriver à ce résultat, trois législations tombaient sous ses coups : celles de 1810,

de 1834 et de 1868. C'était bien, je crois, dans la pensée
de son auteur, la liberté absolue du droit de réunion et
d'association qui devait sortir de ces ruines. La Chambre
a repoussé ce projet de loi à une très-grande majorité,
prouvant ainsi que si des théories exagérées peuvent avoir
quelque succès dans une réunion locale, elles ne sauraient
trouver grâce et faveur devant les représentants d'un pays
ami de l'ordre, parce qu'il est ami du travail et du vrai
progrès.

Il est toutefois curieux et utile d'examiner d'une façon
générale les considérants sur lesquels s'appuyait la proposition de M. Louis Blanc.

D'abord, dit-on, la liberté de réunion et la liberté d'association sont des libertés sœurs relevant toutes deux
d'un même principe de droit naturel. L'homme étant sociable, doit pouvoir communiquer avec ses semblables. Le
législateur doit dès lors faire à ces deux libertés le même
sort; et ce sort doit être celui d'une liberté qui n'est entra-
vée par aucune loi. On ajoute : Faut-il donc traiter la
liberté comme une bête fauve, la mettre en quarantaine,
pour ainsi dire, et étouffer le droit? Ce qu'il faut à la
liberté de réunion et d'association, c'est son essor naturel,
son ampleur, sa libre expansion ! Il faut avoir confiance
en la raison du peuple : c'est en marchant que les enfants
apprennent à marcher ; c'est en pratiquant la liberté que
les peuples apprennent à être libres. Eh quoi ! tournez vos
regards vers l'Angleterre. En Angleterre, cinquante mille
personnes peuvent se réunir en plein air sur la place publique, au grand jour, sans gêne, sans obstacle. Les meetings
s'y tiennent immenses et sans trouble, sans danger public.
Ce qui est possible sur le sol britannique ne serait-il donc
pas possible dans notre France républicaine ?

Tels sont, en substance les principaux chefs d'argumentation en faveur de la liberté absolue du droit de réunion et d'association. Il n'y manque que cette éloquence de l'orateur qui l'a défendue à la Chambre, éloquence trop ardente, trop belle pour n'être pas sincère et n'être pas admirée, mais aussi trop au-dessus des vrais principes de la vie pratique pour pouvoir persuader.

Ce qu'on ne saurait d'abord admettre, c'est cette assimilation entre la liberté de réunion et la liberté d'association. Ce sont deux libertés sœurs, a-t-on dit. Mais il ne faut point se payer de mots, et ce rapport de parenté collatérale qu'on affirme n'implique nullement la nécessité d'une condition commune ; car il s'en faut que ces deux libertés, si elles ont même principe, aient même physionomie, mêmes caractères et surtout mêmes effets. S'associer, c'est vouloir se connaître, se compter, se concerter, se cotiser, former un plan et agir. Se réunir, c'est vouloir s'éclairer et penser ensemble accidentellement. L'association a un caractère de permanence et une force de cohésion qui manquent absolument à la réunion, et par là elle peut avoir des effets plus utiles comme aussi plus dangereux. Il y a des associations qui font honneur à l'humanité, l'Association des amis de la paix. Il en est qui peuvent constituer un vrai péril social : l'Internationale ; et il est certain qu'une association, par son extension, par son développement, peut non-seulement contrarier à la fois les véritables intérêts civils et économiques, mais encore finir par constituer un État dans l'État, ou, suivant l'expression de Mathieu Molé, un corps vivant dans le cœur d'une nation.

Il est évident que la réunion ne saurait inspirer ces craintes. Dès lors, les réunions et les associations doivent faire l'objet d'une loi distincte. Qu'importe qu'il y ait entre les deux identité d'origine, s'il y a des différences essentielles dans l'exercice et dans les conséquences? C'est ainsi que la liberté d'exprimer sa pensée par la parole, et la liberté de l'exprimer par la voie de la presse sont aussi des libertés sœurs qui découlent d'un même principe. Une loi plus sévère cependant doit régir la presse. Car la pensée écrite étant plus réfléchie ou présumée telle, engage plus gravement la responsabilité, et, en outre, en vertu de ce vieil adage, que, si les paroles s'envolent sur les ailes de l'oubli, *scripta manent*, elle est plus dangereuse si elle est perfide. Il en est de même du droit de réunion et d'association, et la confusion des deux en une même réglementation est une erreur du passé qui a fini son temps.

Considérons donc maintenant le droit de réunion isolément, et voyons si, comme on le demande, la confiance en la raison du peuple doit suppléer la loi.

Vous faites une loi, nous dit-on, donc vous vous méfiez; cela est humiliant pour les citoyens, et pour peu l'on conclurait que les lois sont les ennemies de nos intérêts; et je ne vois pas même pourquoi, si la confiance doit suppléer la loi, on ne demanderait pas l'abrogation du Code Pénal tout entier, comme contenant, par ses dispositions comminatoires, un soupçon humiliant pour l'humanité.

Pour nous, Messieurs, nous pensons qu'une loi est, au contraire, une chose utile, nécessaire, et que la repousser comme odieuse en principe, c'est méconnaître son vrai caractère, sa majesté, c'est se montrer bien injuste et bien ingrat envers elle, à qui nous devons l'indispensable protection de tous nos droits. Si une loi prévoit et réprime un abus possible, tout honnête homme a le droit de penser et de dire que cette loi ne lui sera jamais appliquée; mais certainement il pensera qu'elle n'est pas inutile. L'expérience, l'histoire sont malheureusement là pour dessiller les yeux à ceux qui seraient tentés de croire que l'exercice du droit de réunion n'a jamais pu tourner à mal. Il faut une loi, parce qu'il faut une garantie dans l'intérêt de la liberté elle-même.

On veut un droit sans restriction ! — Mais cherchons donc, dans l'ensemble des rapports humains, un droit, une liberté dont une loi ne marque la limite. Le droit de propriété, cette liberté d'user de sa chose comme bon nous semble, qui n'a certes pas une origine moins naturelle, ni un caractère de nécessité moins accentué que la liberté de réunion, la loi ne lui a-t-elle point et ne devait-elle point lui assigner des limites ? Et, en retour, la loi qui l'a enfermée dans des règles précises n'est-elle point sa sauvegarde ? De telle sorte que plus on s'efforce de montrer qu'un droit est précieux et respectable, plus on affirme la nécessité d'une loi qui lui donne sa formule, qui lui donne en quelque sorte l'existence civile et l'impose au respect de tous.

On invoque l'exemple de l'Angleterre : l'Angleterre est un voisin que l'on interroge souvent en France en matière de législation, comme si sa législation était vraiment digne d'être proposée pour modèle et comme si ce qui est bon pour un peuple était absolument applicable à tous les autres. On nous montre, en Angleterre, 50,000 citoyens assemblés et discutant les affaires du pays sans être troublés par l'autorité. Les Anglais jouissent donc de la liberté absolue ! — C'est là une erreur grossière. Il y a en Angleterre des lois, et des lois très-sévères, qui régissent les réunions. Savez-vous la réponse que nous trouvons à cette question : « Qu'est-ce qu'une réunion illégale ? » dans un manuel de Droit et de jurisprudence qui est, en quelque sorte, le *vade-mecum* des jurisconsultes anglais. La voici : « Une réunion illégale est une assemblée nombreuse qui, par son aspect général et les circonstances qui l'accompagnent, est de nature à jeter l'alarme, la consternation, la terreur. » Quant à la responsabilité des citoyens réunis, elle est ainsi définie : « Toutes les personnes qui font partie d'une assemblée illégale, qui aident, assistent une telle assemblée sont criminelles. » Et, dans le même ordre d'idées, nous pourrions citer des décisions de jurisprudence d'une très-grande sévérité. Toutefois, il est vrai de dire que ces décisions sont assez anciennes et que la sévérité des lois sommeille depuis longtemps en Angleterre. Mais il n'y a point eu abrogation ; la désuétude n'abroge point, et certainement, au jour où la froideur et le calme britanniques s'oublieraient au point de troubler l'ordre public, l'effet des lois se ferait sentir.

Il y a donc des garanties en Angleterre ; il en faut aussi en France, en France surtout, où non-seulement les passions sont plus ardentes, cela a été de tout temps reconnu, mais où encore les partis sont autrement nombreux, autrement opposés par leurs tendances qu'en Angleterre. Faisons donc une loi ; par principe, si vous voulez ; elle sommeillera ensuite comme en Angleterre, si ce qui est possible en Angleterre est possible dans notre France républicaine. Forgeons toujours l'épée, sauf à la laisser indéfiniment se rouiller au fourreau, si les mœurs publiques sont vraiment formées à la pratique d'institutions libérales.

Enfin, Messieurs, ce qu'il y a de remarquable et ce qui révèle ce danger des abrogations pures et simples que je vous signalais tout à l'heure, cet idéal philosophique si éloquemment défendu par M. Louis Blanc, fût-il réalisable, n'aurait pas été réalisé par l'abrogation demandée des articles 291 et suivants du Code Pénal et des lois de 1834 et de 1868. Ces lois, sans doute, eussent cessé d'être appliquées ; mais leur abrogation eût fait revivre d'autres lois plus dangereuses encore, et l'arbitraire du gouvernement si redouté n'eût pas été évité. C'est ainsi qu'à défaut du Code Pénal, des lois de 1834 et de 1868, le droit de réunion se trouverait entravé, beaucoup plus entravé encore par l'application devenue possible des lois de police, telles que les lois des 16-24 août 1790, des 16-22 juillet 1791, du 13 juillet 1837.

C'est à ces lois de 1790 et de 1791 qu'en 1848 le gouvernement fit appel pour empêcher les banquets organisés par l'opposition. On lui contesta alors le droit de les appliquer, parce qu'elles étaient gênantes. On avait tort : ces lois sont encore en vigueur pour tout ce qui n'a pas été spécialement prévu par une loi plus récente, et le gouvernement était dans son droit. Il fut trop faible ou trop débonnaire pour le maintenir, et il tomba. Toute la révolution de 1848 est là.

Voilà donc ces lois de police, auxquelles M. Louis Blanc, sans y prendre garde, tendait à nous soumettre, lois qui consacrent un droit vague, mal défini et, par conséquent, très-étendu de l'autorité à surveiller les réunions publiques. Comme nous sommes loin de la pensée qui a dicté la proposition de M. Louis Blanc! et pour conclure, à aucun point de vue, pas plus cette proposition que la loi de 1868 n'a résolu le problème.

Il n'était donné qu'à une loi libérale et prudente de le résoudre, à une loi qui gardât le juste-milieu entre trop de confiance et trop de méfiance, soit vis-à-vis du gouver-

nement, soit vis-à-vis des citoyens réunis, qui, sans traiter
la liberté comme une bête fauve, ne parût pas aussi consi-
dérer l'autorité dont nous avons besoin comme un ennemi
qui cherche toujours à garrotter, à enchaîner, à étouffer
le droit.

La loi qui vient d'être votée à la Chambre présente-t-elle
ces caractères de modération et de justice? Examinons.

Et d'abord, quand je lis son texte, une chose me frappe,
c'est d'y rencontrer un article ainsi conçu : *Les clubs demeurent interdits.* Ce n'est pas que je déplore la sévérité
du législateur pour les clubs et que je considère la liberté
absolue des clubs comme un élément de progrès ou de
bien-être. Je suis loin de croire aussi, comme on a cher-
ché à le soutenir, que, lorsqu'on veut connaître l'opinion
publique, c'est dans les clubs qu'il la faut chercher. A ce
propos, je laisserai parler un pamphlétaire bien connu :
« L'éloquence en veste de clubiste, dit-il, a son genre
« d'orateurs, son jargon et sa température. Généralement,
« on étouffe de chaleur dans les clubs, et l'on n'y voit pas
« trop clair. Si l'on y a toutes les peines du monde à parler
« à son tour, on peut, en revanche, y prendre le plaisir
« de parler tous à la fois. L'ordre à mettre dans les idées
« n'est pas ce qui embarrasse le plus les orateurs du club,
« parce qu'il est rare qu'on y ait plus d'une idée. Quant
« aux opinions, il est parfaitement libre d'en avoir une à
« soi, à condition toutefois que ce sera celle des meneurs.
« On n'est pas là pour discuter, mais pour crier, et chacun
« vient à son tour souffler à force de poumons dans l'em-
« bouchure de la même trompette. Le plus grand orateur
« d'un club est celui qui fait, dans le sens du club, la mo-
« tion la plus énergique, j'allais dire la plus extravagante.
« Si vous risquez un amendement, on vous regarde de

« mauvais œil ; si vous insistez, on vous dénonce comme
« un perturbateur ; si vous demandez la parole, on s'in-
« digne de tant d'audace ; on frémit d'une sainte colère ;
« on crie à la trahison, et les catéchumènes vous jettent
« à la porte de leur petite église, bienheureux que vous
« êtes de n'avoir pas été mis par eux hors la loi et de vous
« retrouver sain et sauf dans la rue face à face avec le nez
« d'un sergent de ville. »

Les clubs, Messieurs, sont-ils donc le refuge de l'opinion publique ? Que le clubiste, lui, en soit convaincu !
cela ne doit point nous étonner. Quel est donc le parti
politique en France qui ne s'imagine avoir pour lui les
vœux du pays tout entier et la conscience publique et
l'approbation des hommes de bon sens, en un mot l'opinion publique ? La vérité est que l'opinion publique est
moins saisissable qu'on ne le dit généralement, que ce
n'est pas elle souvent qui fait le plus de bruit et qu'à coup
sûr les clubs n'en sont point l'expression dernière.

Pourquoi dès lors ne voudrions-nous pas voir figurer
dans la loi nouvelle une disposition déclarant que les clubs
demeurent interdits ? Par cette raison bien simple que si
les clubs sont interdits, il est parfaitement inutile de dire
qu'ils le demeurent. Est-ce que la nouvelle loi, une loi
sur les réunions publiques, aurait eu par hasard sans cette
disposition l'effet de lever l'interdiction ? C'est ce qu'on ne
saurait admettre ; car les clubs sont des associations qui
tiennent, il est vrai, des réunions publiques, mais qui
existent comme associations en dehors de toute réunion,
et qui, par conséquent, sont très-mal à propos visées par
une loi dont le but exclusif est de régler le droit de réunion. Une loi sur les associations nous est promise. Pourquoi devancer son œuvre ?

Aussi, faut-il espérer que, dans la rédaction définitive de la loi, cet article ne trouvera point place. Ce qui doit nous confirmer d'ailleurs dans cette espérance, c'est que l'article en question est l'article 7 du projet. C'est l'article 7 ! Le Sénat le peut-il voter ?

Au contraire, paraît-il, il n'y aurait point de désaccord entre le Sénat et la Chambre des députés sur le principe même de la loi nouvelle, d'après lequel, dans aucun cas, l'autorisation préalable n'est nécessaire pour la tenue des réunions, quel que soit leur objet, d'après lequel il n'y a plus lieu à distinguer entre les réunions qui ont un caractère politique et les autres. Disons, en passant, que du même coup une cause de difficultés sérieuses se trouve supprimée. Il n'est plus nécessaire, en effet, de déterminer le sens, la portée si considérablement étendue par le jurisprudence du mot *politique*. S'il faut en croire certains arrêts, que de personnes font de la politique sans s'en douter !

Ajoutons que la nécessité d'une autorisation étant supprimée par la loi nouvelle, n'est pas ensuite rétablie, à l'exemple de la loi de 1868, par cette autre nécessité absolue d'obtenir de l'autorité un récépissé. Une déclaration devra toujours être faite ; mais cela suffit pour que la réunion puisse avoir lieu, en ce sens que, si le récépissé n'est point délivré, on passera outre, sauf à faire constater l'empêchement ou le refus par acte extra-judiciaire ou par une attestation signée de deux témoins ; ce qui revient à dire que cette déclaration se réduit en définitive à un simple avertissement adressé à l'autorité. Celle-ci aura à prendre ses mesures.

Lors de la discussion de la loi, on avait proposé de supprimer même la nécessité de cet avertissement, sous prétexte que le public devant être averti de la réunion, l'autorité ne pouvait manquer de l'être. C'eût été une imprudence de la supprimer. Car, déclarer à l'autorité qu'une réunion va être tenue, c'est mettre l'autorité en demeure d'avoir à surveiller et surtout à protéger l'exercice du droit de réunion, qui peut être si facilement empêché par la turbulence préméditée, achetée de quelques agitateurs. Prévenue, l'autorité, si des désordres se produisent, ne pourra point dire qu'elle a ignoré la tenue de la réunion, et dégager ainsi sa responsabilité.

Une déclaration était donc nécessaire ; mais l'article 4 de la nouvelle loi s'exprime ainsi : « Les organisateurs d'une réunion publique doivent dans leur déclaration indiquer s'il s'agit d'une conférence faite par un ou plusieurs orateurs déterminés, d'une réunion ordinaire de discussion, d'une réunion électorale ou d'une réunion dont l'entrée est subordonnée à des conditions déterminées. »

Voilà bien des indications. Sont-elles toutes justifiées ? Je comprends, à la rigueur, qu'il faille indiquer dans la déclaration si la réunion est électorale ou encore si elle est organisée par un sénateur ou un député de la circonscription, afin que ces réunions puissent bénéficier de la faveur qui leur est faite, faveur qui se traduit par une réduction considérable du délai à courir entre la déclaration et la tenue de la réunion. Mais je ne comprends plus la nécessité des autres précisions dans une législation qui veut faire participer à la même réglementation toutes les réunions, quelles qu'elles soient. Je la trouve même dangereuse. En effet, on voudra, par hypothèse, dans une réunion faire l'apologie du régicide ou exciter les citoyens à la guerre civile ; on déclarera qu'un orateur va faire une conférence sur les moyens les plus propres de combattre le phylloxéra, ce qui n'a rien de subversif, et le gouvernement, nullement ému, satisfait même, ne fera point surveiller la réunion. Mieux vaut que le caractère de la réunion reste complétement inconnu de l'autorité qui, ayant ainsi tout à craindre, ne s'endormira jamais dans une confiance imprudente. La loi, à cet égard, nous paraît mériter quelque critique. Elle contient un vestige évidemment de l'article 2 de la loi de 1868, qui exige l'indication de l'objet spécial et déterminé de la réunion.

En revanche, je n'aperçois rien dans les dispositions de la loi nouvelle qui rappelle l'obligation imposée par la loi de 1868, de ne se réunir que dans un local clos et couvert. Pourquoi, en effet, vouloir à toute force mettre l'éloquence à l'abri des intempéries de l'air? Ne suffit-il pas qu'on défende de se réunir sur la voie publique, afin de ne pas entraver la liberté de circulation?

Je ne trouve point non plus cette faculté d'ajourner sur un simple soupçon, ni cette faculté d'interdire purement et simplement, qui sont une contradiction flagrante du principe que les réunions publiques n'ont pas besoin d'être autorisées. Ce principe reste donc intact.

Mais alors, où est cette restriction du droit de réunion que nous avons affirmée nécessaire et qui justifie l'utilité d'une loi? Le droit de réunion, avons-nous dit, peut tourner à mal; il doit donc être contenu dans de justes limites; et si l'individu, le citoyen a ses droits, la société, représentée par un gouvernement responsable, doit aussi avoir les siens. Sans doute, le droit de réunion ne doit pas être abandonné à la merci du pouvoir, et c'est aussi pourquoi le législateur a repoussé la nécessité de l'autorisation, la menace de l'ajournement ou de l'interdiction; mais il ne doit pas être aussi abandonné à la merci des citoyens, et c'est pour cela que nous avons combattu la théorie de la liberté absolue. Quelle est donc l'expression des droits du gouvernement, dont l'exercice vient limiter le droit du citoyen ? — Il faut nécessairement que ces droits se traduisent par une surveillance directe de la réunion pendant qu'elle se tient.

Aussi, à l'exemple du reste de la loi de 1868, un article ainsi conçu avait été proposé à la Chambre : « Un fonctionnnaire de l'ordre administratif ou judiciaire pourra être délégué pour assister à la réunion, à Paris, par le préfet de police, et dans les départements par le préfet ou le maire, suivant les cas prévus par l'article 2. — Il choisira sa place et devra être revêtu de ses insignes. — Il est autorisé à prononcer la dissolution de la réunion : si le bureau, après trois avertissements, maintient la parole à qui commettrait un délit prévu par les lois ; si la réunion méconnaît l'autorité du président ou si elle devient tumultueuse, sans préjudice du droit qui lui appartient de dresser procès-verbal de toute contravention aux lois. » Cet article, à la première discussion, fut voté. A la seconde lecture, il fut l'objet des plus vives attaques, et l'on ne peut disconvenir qu'à l'interpréter à un point de vue exclusif, on ne puisse lui adresser de spécieux reproches.

Ainsi, dira-t-on, vous accordez à l'autorité le pouvoir de dissoudre une réunion publique dans des cas que vous déterminez, et notamment dans le cas de tumulte. Sans doute, si l'impartialité du représentant de l'autorité présent à la réunion était assurée, le pouvoir de dissolution dont vous l'armez serait un frein salutaire. Mais où est l'assurance de cette impartialité ? Les hommes, quelque effort qu'ils veuillent faire, peuvent difficilement se défendre d'un certain esprit de complaisance pour ce qui sourit

à leurs convictions, d'une certaine sévérité, au contraire,
pour ce qui heurte leurs idées et leurs vieilles affections.
Telle est notre faiblesse, que, même ceux chez lesquels l'ins-
truction et l'élévation du cœur ont développé l'esprit de
justice, s'écartent quelquefois sans le savoir et sans le vouloir de la juste mesure. Que sera-ce si la surveillance d'une
réunion est confiée à un agent subalterne qui, peut-être,
permettez-moi l'expression, voudra faire du zèle ? Qui sait
s'il ne prendra pas pour du tumulte une légère agitation !
Un mot suffirait pour rétablir l'ordre ; peut-être sévira-t-il
sans préliminaire de conciliation, appliquant le fameux
*quos ego* du poëte, sans réticence, et ignorant que... *mo-
tos fluctus componere præstat.* Cet agent va donc être l'ar-
bitre de la réunion ? Qu'importe, dès lors, qu'on n'ait pas
besoin de demander l'autorisation pour se réunir si, lorsque la réunion est tenue, dès les premières minutes et dès
les premières paroles, le commissaire de police, jugeant
qu'il y a tumulte, se lève et fait évacuer la salle ? Cet arbitraire n'est-il pas effrayant ?

La Chambre des députés paraît en avoir été effrayée ;
car, à la seconde discussion, l'article en question a été
renvoyé à la commission. Deux jours après, le 14 mai de
cette année, nouvelle discussion ; des amendements divers
sont proposés avec de longs développements. On demande,
d'une part, que le représentant de l'autorité n'ait jamais
le pouvoir de dissolution, et que le président seul ait le
droit de lever la séance. D'autre part, on demande que
l'article tout entier, le seul, Messieurs, qui consacre les
droits de l'autorité, et par là nous préserve de la liberté
absolue des réunions publiques, soit purement et simplement supprimé. Grand débat ! On ne parvient pas à s'en-
tendre, et, de nouveau, l'article est renvoyé à la com-

mission. Une quatrième discussion aboutit enfin au vote d'un article ainsi conçu : « Un fonctionnaire de l'ordre administratif ou judiciaire pourra être délégué pour assister à la réunion, à Paris, par le préfet de police, et dans les départements par le préfet ou le maire, suivant les cas prévus par l'article 2. — Il choisira sa place, et devra être revêtu de ses insignes. — Après trois avertissements donnés par ce fonctionnaire, si le bureau maintient la parole à qui commettrait un délit prévu par les lois, il encourra la responsabilité mentionnée en l'article précédent. — Il n'est rien innové aux dispositions de l'article 3 de la loi des 16-24 août 1790, des articles 8 et 9 de la loi des 19-22 juillet 1791, et des articles 9 et 15 de la loi du 10 juillet 1837. »

A vrai dire, il est étrange qu'après de si longs débats, dont le caractère n'était rien moins que favorable au droit de dissolution exercé par l'autorité, on en soit arrivé en définitive à affirmer indirectement ce droit en déclarant que les lois de police précitées qui le consacrent implicitement ne sont en rien modifiées par la présente loi. Si bien qu'après avoir repoussé un pouvoir de dissolution dont l'exercice était défini et limité à certains cas particuliers, on l'a établi plus indéterminé, c'est-à-dire moins restreint.

Ne serait-il pas préférable de revenir au point de départ? Peut-être le Sénat se posera-t-il cette question?

Pour nous, modeste critique que nous sommes, nous ne nous hasarderons pas à préciser le perfectionnement dont le texte voté à la Chambre peut être susceptible; mais ce que nous affirmons énergiquement comme nécessaire, comme indispensable, et ce que tout bon citoyen doit souhaiter, à notre avis, vers quelque parti politique, d'ailleurs, que ses traditions de famille, ses convictions personnelles ou des convenances particulières l'aient poussé, c'est que l'autorité chargée de maintenir l'ordre, que nous aimons tous, ne soit pas absolument désarmée en présence de dangers possibles. Réglez ce pouvoir de dissolution ; restreignez-en l'exercice par la nécessité d'avertissements préalables ; ne l'admettez que dans certains cas limités, si vous voulez, mais ne le supprimez pas. Car il est des circonstances, et je n'ai pas besoin de faire ici des tableaux émouvants des agitations populaires, il est des circonstances où une réunion peut devenir un péril social, un foyer de troubles et de désordres. Il faut qu'elle puisse être dissoute ; il ne faut pas qu'un gouvernement, quel qu'il soit, en soit réduit à constater et à laisser faire.

Vous avez obéi aux principes en déclarant qu'une réunion devait pouvoir se tenir sans autorisation, sans ajournement, sans interdiction possible. Obéissez aux nécessités sociales, en décidant qu'elle peut être dissoute.

On redoute l'arbitraire de l'autorité ; il est sans doute possible, et l'abus en est toujours regrettable. Mais qui donc peut espérer que l'arbitraire sera un jour complétement banni des relations humaines ! Pour ma part, Messieurs, je vois le sort des réunions publiques menacé par deux sortes d'arbitraires : d'un côté, l'arbitraire du pouvoir, qui les peut dissoudre mal à propos ; d'un autre côté, l'arbitraire des citoyens, qui peuvent, eux aussi, abuser du droit et franchir les limites que la raison impose.

De ces deux arbitraires, quel est le plus redoutable ? Je n'hésite pas : c'est le second. Le gouvernement, en effet, a une mission à remplir et la responsabilité de ses actes ; s'il commet des fautes, il peut être interpellé devant les Chambres ; il peut tomber ou tout au moins perdre de sa popularité, ce qui n'est pas d'une mince importance dans un pays où le suffrage universel, où l'opinion, en définitive, fait et défait le pouvoir. Qu'y a-t-il, au contraire, de plus irresponsable que la foule?

Sans doute, une loi qui donne au gouvernement le pouvoir de dissoudre n'a pas empêché l'arbitraire. Mais une loi qui a fait cesser la nécessité d'une autorisation, la possibilité d'un ajournement et d'une interdiction, a singulièrement réduit les occasions pour l'arbitraire de s'exercer; elle a fait tomber bien des barrières. En consacrant le pouvoir de dissolution, elle a créé un frein nécessaire à l'abus de la liberté.

Cette loi nous paraît avoir résolu le problème. Elle laisse maintenant des devoirs au gouvernement et aux citoyens : au gouvernement, celui de l'impartialité et de la tolérance; aux citoyens, celui de la modération et du respect des lois. C'est seulement l'accomplissement fidèle de ces devoirs respectifs qui peut assurer la parfaite harmonie des droits et la réalisation complète de l'ordre.

Toulouse, imprimerie Douladoure-Privat, rue Saint-Rome, 39. — 721